Fichier photocopiable d'exploitation pédagogique

« L'abeille histoire »

Réalisé par

La ferme pédagogique

des Hauts de France

Miss Terre City – Claire Maurage

14 rue de Baisieux 59990 SEBOURG

photocopies autorisées   pour une classe seulement

SOMMAIRE

Compétences en Questionner le monde et Sciences

MORPHOLOGIE DE L'ABEILLE

L'abeille – coloriage –	**Activité 1**
L'abeille – schéma à numéroter –	**Activité 2**
L'abeille – schéma à annoter	**Activité 3**
L'abeille – schéma à annoter – correction	

CONNAISSANCE DE L'ABEILLE

Carte d'identité d'une abeille ouvrière *Images en annexe* Carte d'identité d'une abeille ouvrière – correction	**Activité 4**
Carte d'identité d'une reine abeille *Images en annexe* Carte d'identité d'une reine abeille – correction	**Activité 5**

VIE DES ABEILLES

Les amis et les ennemis de l'abeille Les amis et les ennemis de l'abeille – correction	**Activité 6**
Les ennemis de l'abeille Les ennemis de l'abeille – correction	**Activité 7**
Les 7 métiers de l'abeille – coloriage	**Activité 8**
Lecture documentaire : les 7 métiers de l'abeille	**Activité 9**
Les 7 métiers – compléter le métier	**Activité 10**
Les 7 métiers – relier Les 7 métiers – relier – correction	**Activité 11**
Lecture les 7 métiers – qui dit quoi ? Lecture les 7 métiers – qui dit quoi ? – correction	**Activité 12**

photocopies autorisées *pour une classe seulement*

POLLINISATION

Le cycle de pollinisation – numéroter
Le cycle de pollinisation – numéroter – correction

Activité 13

VOCABULAIRE

LEXIQUE APICOLE
Comment s'appelle … ?
Comment s'appelle … ? correction
Que veut dire … ?

Activité 14

LECTURE - COMPREHENSION

La légende d'Abeilles City – lecture écoutée – Niveau 1
La légende d'Abeilles City – lecture écoutée – N1 correction

Activité 15

La légende d'Abeilles City – lecture – Niveau 2
La légende d'Abeilles City – lecture – Niveau 2 correction

Activité 16

ANNEXES

Puzzles et banque d'images

photocopies autorisées   pour une classe seulement

Animation « L'abeille histoire »

Compétences travaillées

Programme d'enseignement du cycle des apprentissages fondamentaux et des approfondissements. Arrêté du 9-11-2015 - J.O. du 24-11-2015.
Modifié par l'arrêté du 17-7-2018 - J.O. du 21-7-2018. Complété par la note de service n°2019-072 du 28-5-2019. Modifié par le BOEN n°31 du 30 juillet 2020.

Cycle 2 Questionner le monde du vivant

Connaître des caractéristiques du monde vivant, ses interactions, sa diversité.

- ☐ Identifier ce qui est animal, végétal, minéral ou élaboré par des êtres vivants.
- ☐ Développement d'animaux et de végétaux.
- ☐ Comprendre le cycle de vie des êtres vivants.
- ☐ Connaître les régimes alimentaires de quelques animaux.
- ☐ Identifier les interactions des êtres vivants entre eux et avec leur milieu.
- ☐ Prendre conscience de la diversité des organismes vivants présents dans un milieu et de leur interdépendance.
- ☐ Comprendre la notion de relations alimentaires entre les organismes vivants.

Cycle 3 – Sciences

Classer les organismes, exploiter les liens de parenté pour comprendre et expliquer l'évolution des organismes

Unité, diversité des organismes vivants

- ☐ Appréhender la biodiversité : les diversités actuelle et passée des espèces.
- ☐ Comprendre l'évolution à l'échelle des espèces ou des populations.

photocopies autorisées pour une classe seulement

Expliquer les besoins variables en aliments de l'être humain ; l'origine et les techniques mises en œuvre pour transformer et conserver les aliments

Les fonctions de nutrition

- ☐ Connaître l'origine des aliments consommés : un exemple d'élevage, un exemple de culture.

Décrire comment les êtres vivants se développent et deviennent aptes à se reproduire

- ☐ Identifier et caractériser les modifications subies par un organisme vivant (naissance, croissance, capacité à se reproduire, vieillissement, mort) au cours de sa vie.
- ☐ Modifications de l'organisation et du fonctionnement d'une plante à fleurs ou d'un animal au cours du temps, en lien avec sa nutrition et sa reproduction.
- ☐ Connaître les stades de développement (graines-germination-fleur-pollinisation, œuf-larve-adulte, œuf-fœtus-bébé-jeune-adulte).
- ☐ Comprendre le rôle respectif des deux sexes dans la reproduction.

Mettre en évidence l'interdépendance des différents êtres vivants dans un réseau trophique.

- ☐ Découvrir que tout être vivant produit sa matière à partir de celle qu'il prélève.
- ☐ Connaître les besoins alimentaires des animaux.

Identifier des enjeux liés à l'environnement

Répartition des êtres vivants et peuplement des milieux

- ☐ Comprendre la notion d'écosystème.
- ☐ Comprendre les interactions des organismes vivants entre eux et avec leur environnement.

- Relier le peuplement d'un milieu et les conditions de vie.
- Comprendre la modification du peuplement en fonction des conditions physicochimiques du milieu et des saisons.
- Connaitre les notions de biodiversité, de réseau dynamique.
- Identifier la nature des interactions entre les êtres vivants et leur importance dans le peuplement des milieux.
- Identifier quelques impacts humains dans un environnement (comportements, aménagements, impacts de certaines technologies...).
- Appréhender les aménagements de l'espace par les humains et les contraintes naturelles ; les impacts technologiques positifs et négatifs sur l'environnement.

L'abeille

Colorie avec les « vraies couleurs ». Observe des photographies d'abeilles.

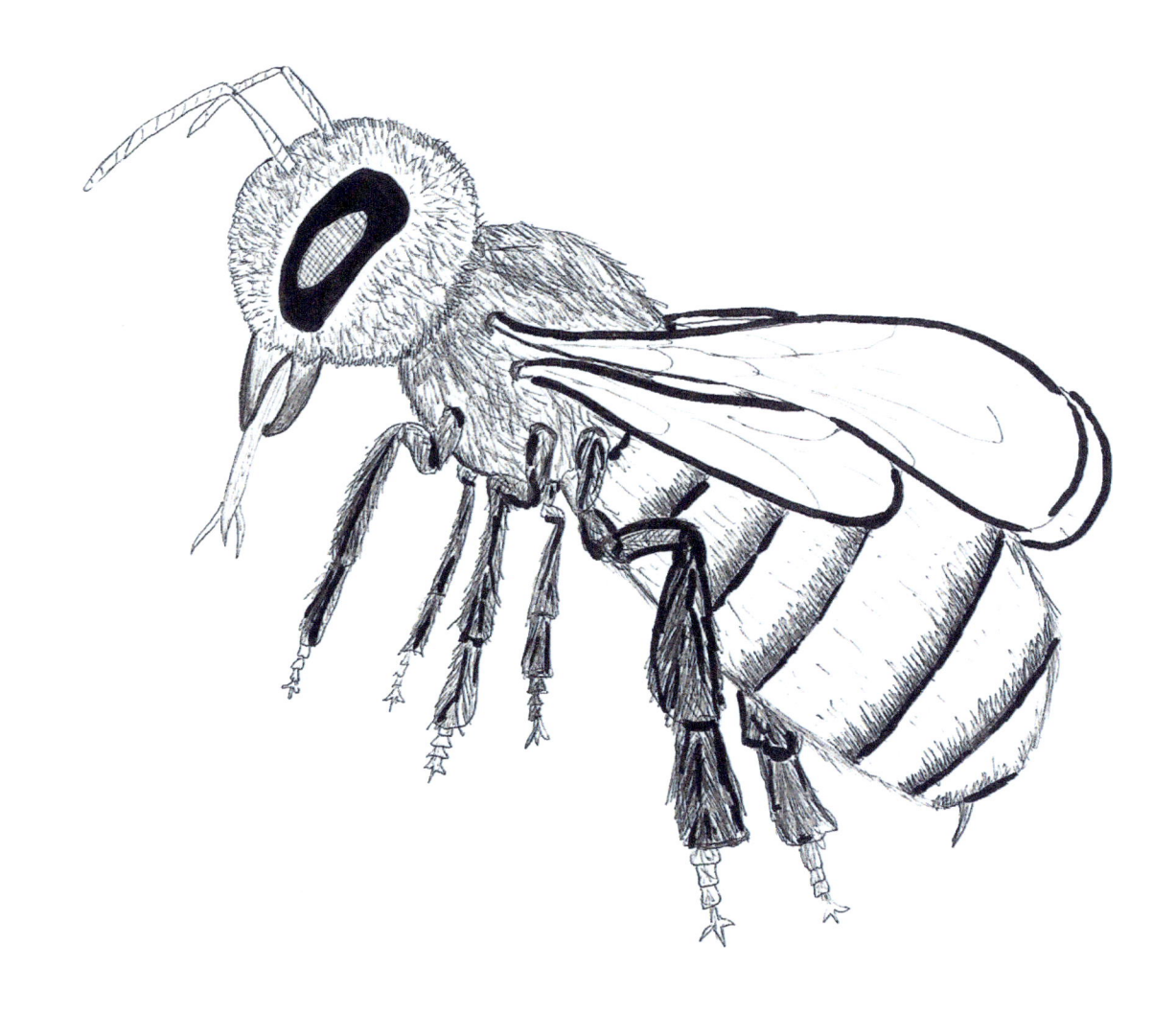

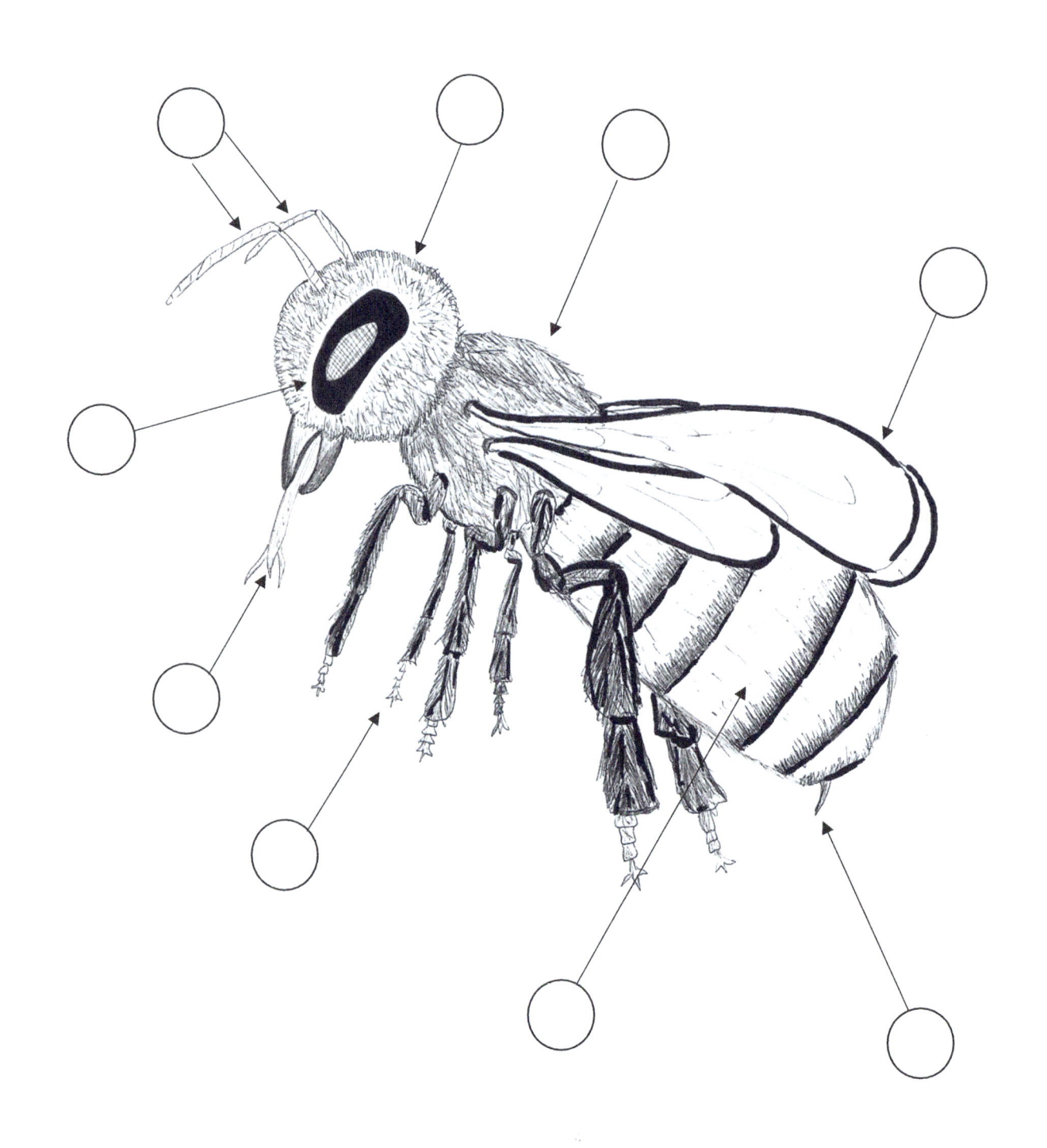

L'abeille

Comment ça s'appelle ?
Replace chaque mot à la bonne place grâce au numéro noté à côté.

1	quatre ailes	4	six pattes	7	deux antennes
2	la tête	5	l'abdomen	8	le thorax
3	la langue	6	l'œil	9	le dard

L'abeille

Cherche dans des livres les différentes parties de l'abeille puis annote le schéma.

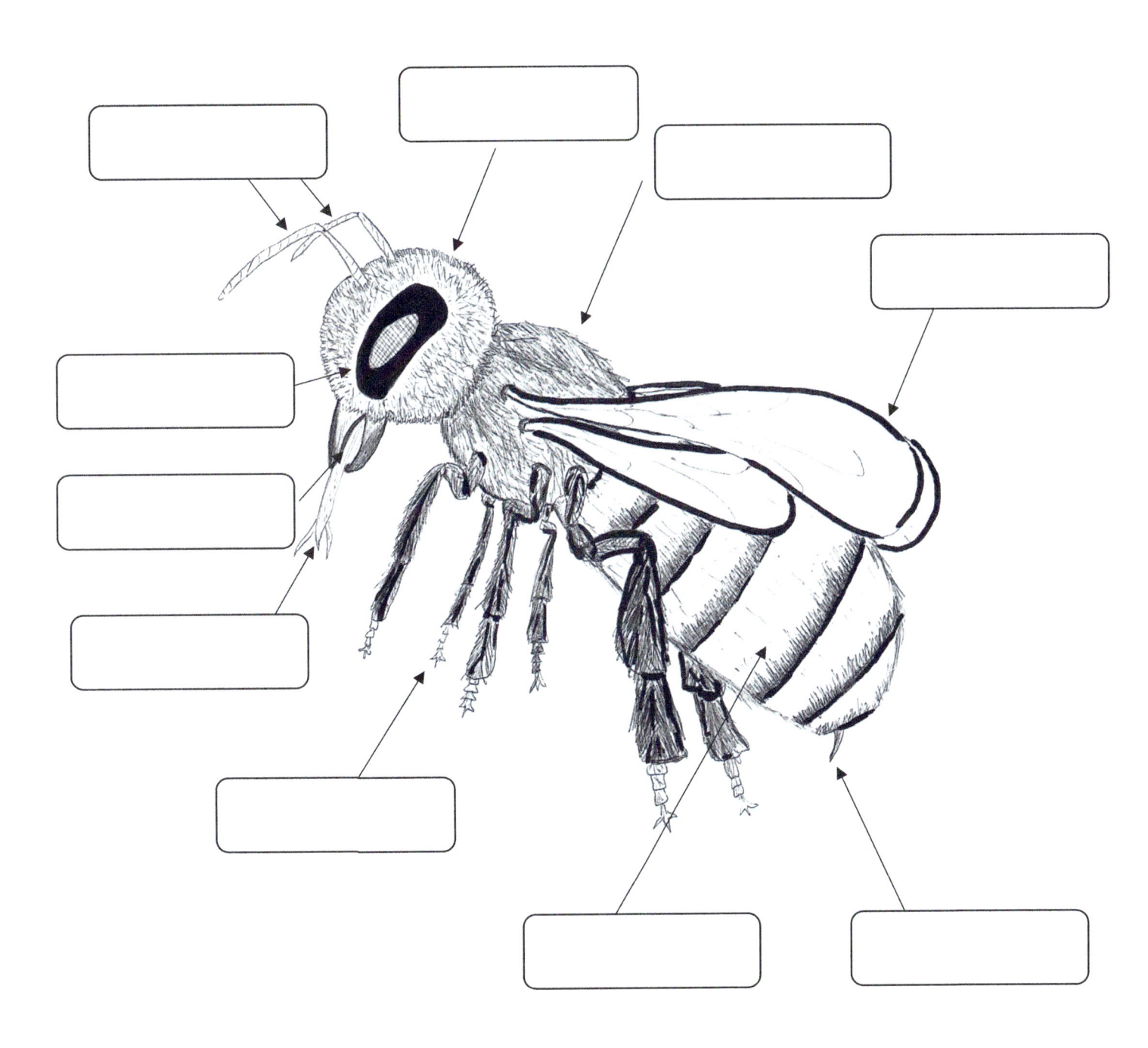

L'abeille - correction

Cherche dans des livres les différentes parties de l'abeille puis annote le schéma.

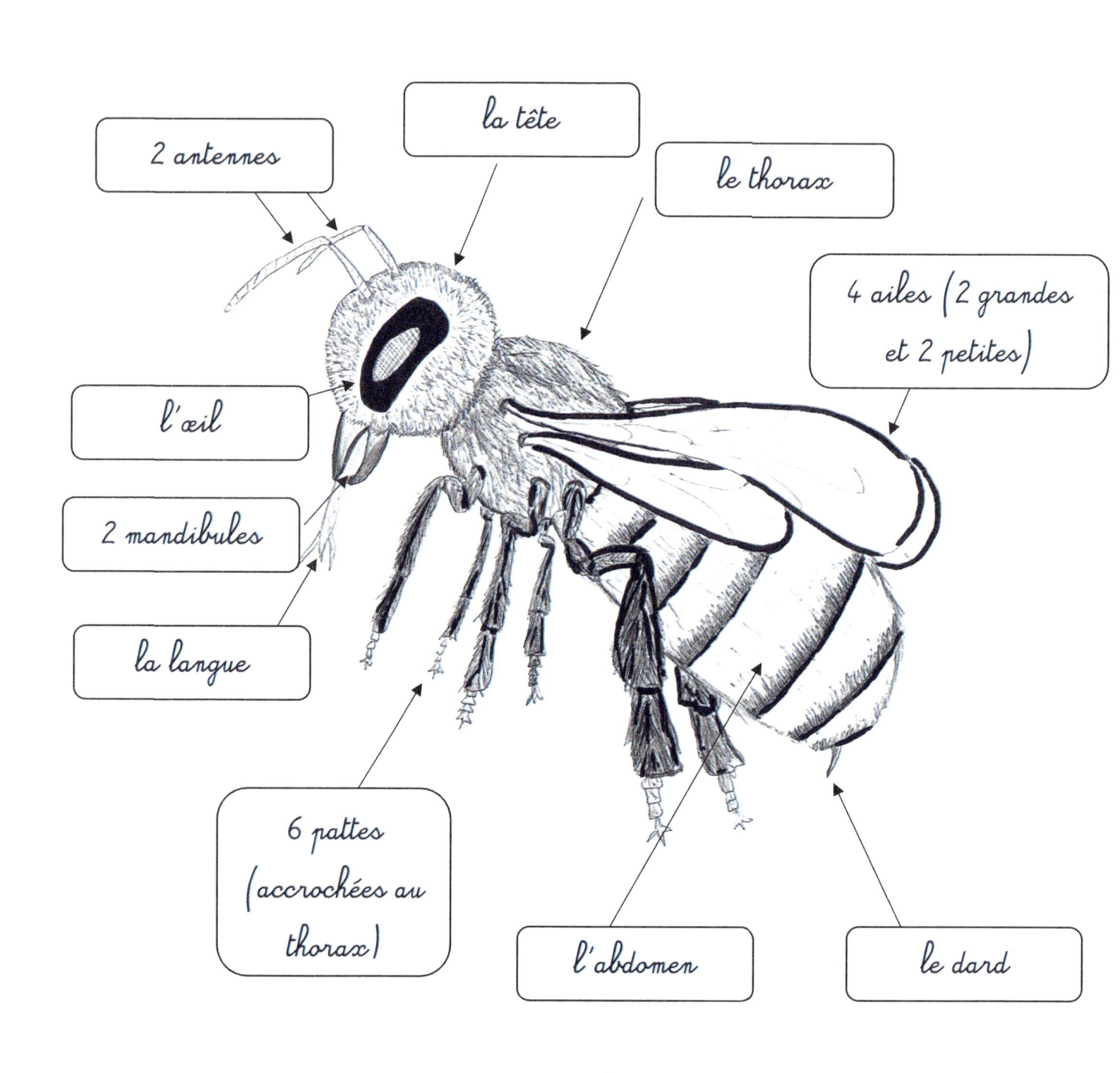

- 2 antennes
- la tête
- le thorax
- 4 ailes (2 grandes et 2 petites)
- l'œil
- 2 mandibules
- la langue
- 6 pattes (accrochées au thorax)
- l'abdomen
- le dard

photocopies autorisées pour une classe seulement

L'abeille histoire : carte d'identité d'une abeille OUVRIERE.

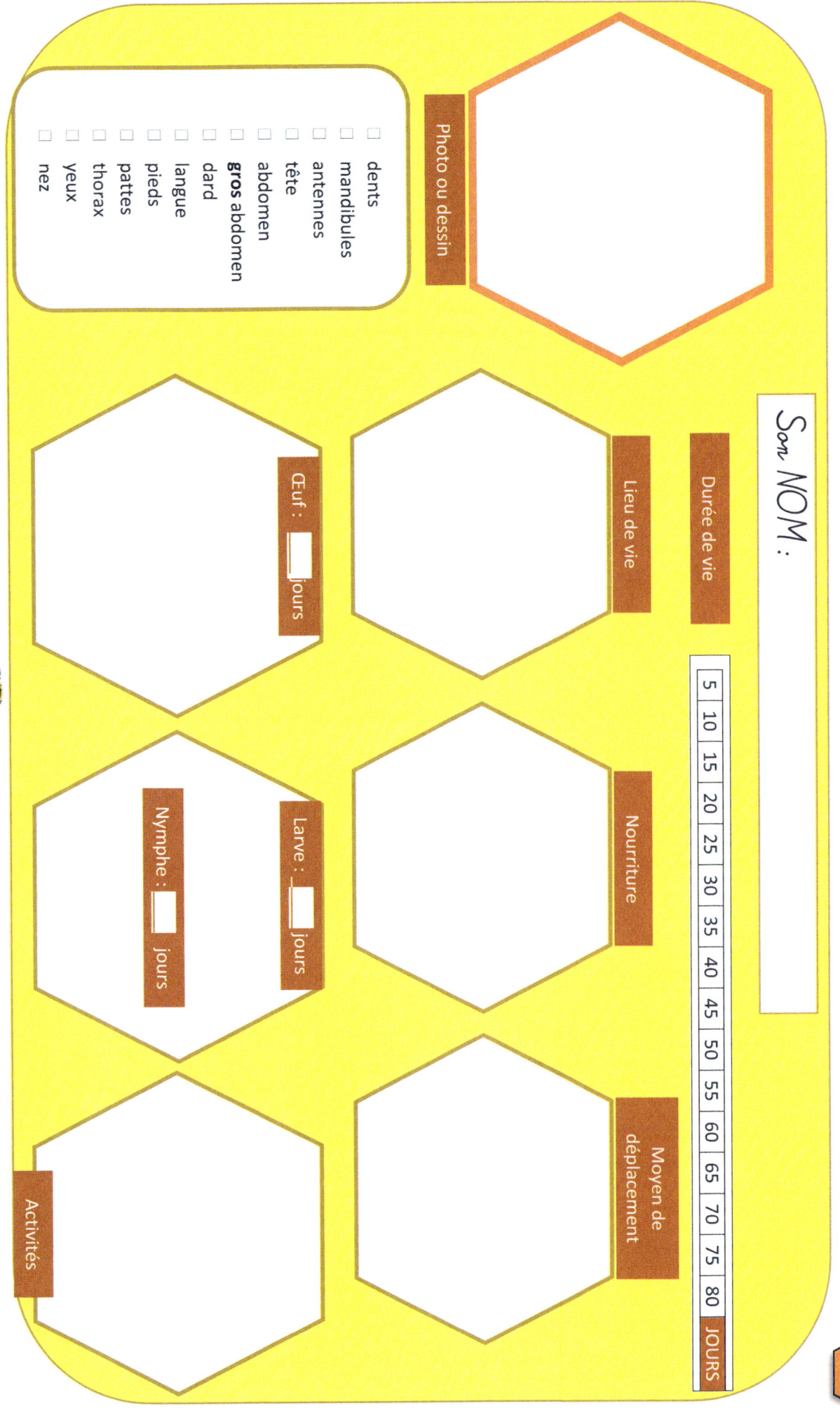

Son NOM :

Photo ou dessin

- ☐ dents
- ☐ mandibules
- ☐ antennes
- ☐ tête
- ☐ abdomen
- ☐ **gros** abdomen
- ☐ dard
- ☐ langue
- ☐ pieds
- ☐ pattes
- ☐ thorax
- ☐ yeux
- ☐ nez

Durée de vie

| 5 | 10 | 15 | 20 | 25 | 30 | 35 | 40 | 45 | 50 | 55 | 60 | 65 | 70 | 75 | 80 JOURS |

Lieu de vie

Œuf : ☐ jours

Larve : ☐ jours

Nymphe : ☐ jours

Nourriture

Moyen de déplacement

Activités

photocopies autorisées pour une classe seulement

A4

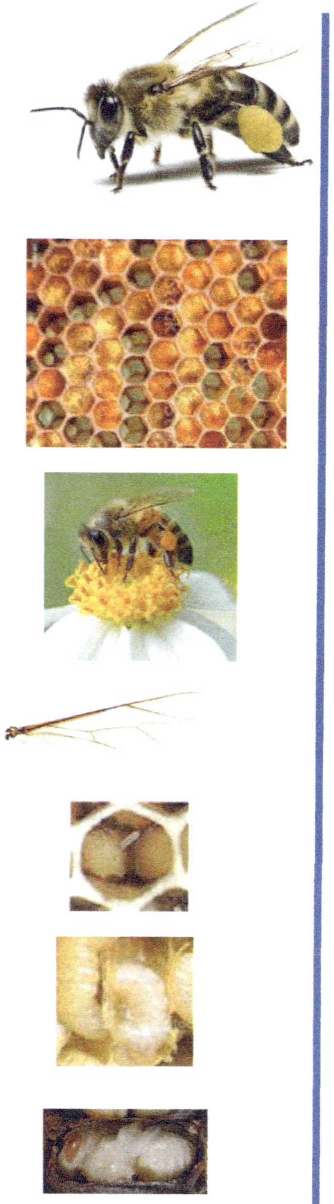
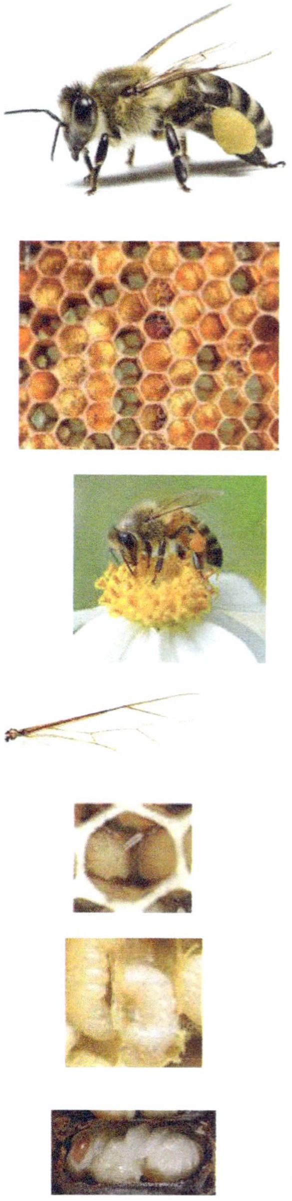
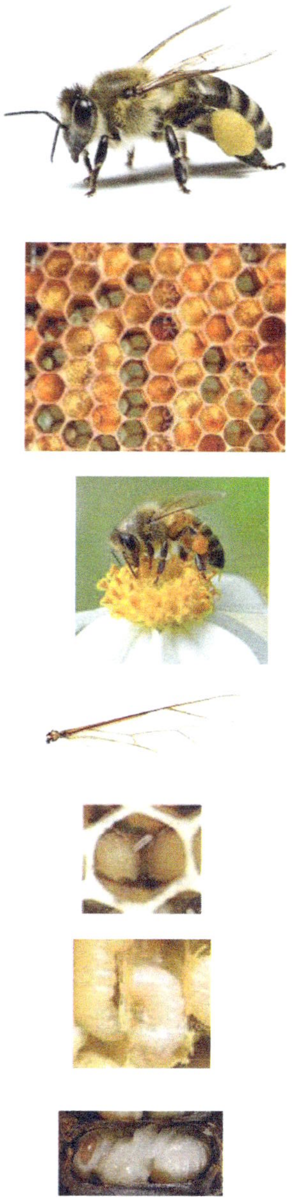
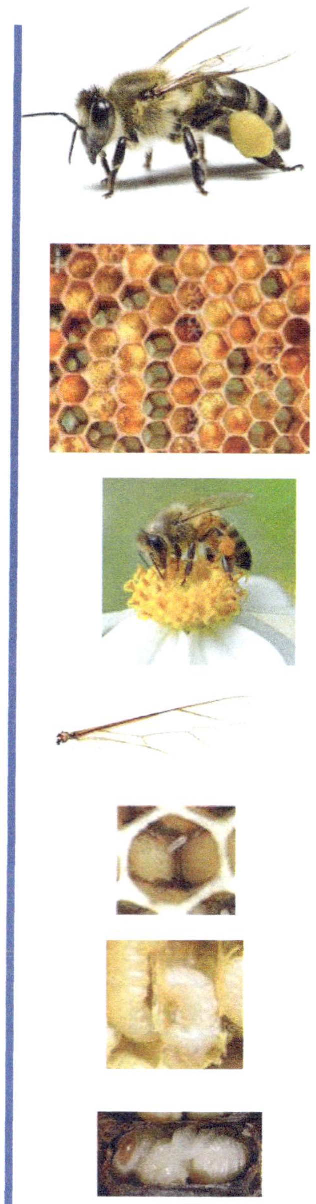
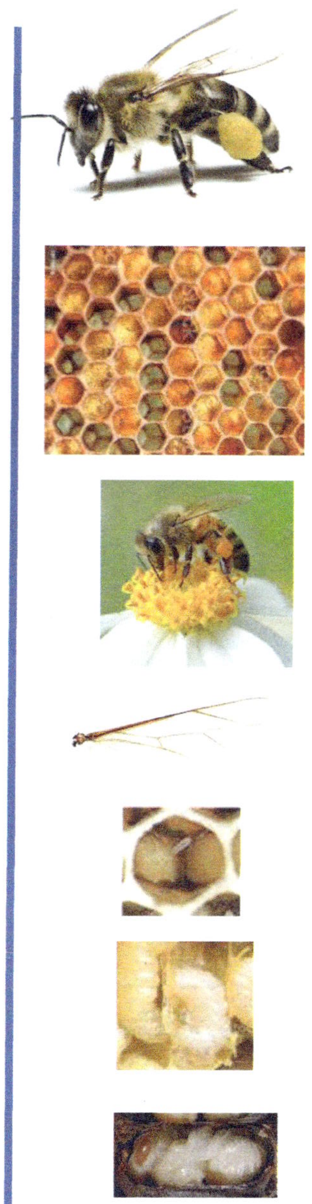
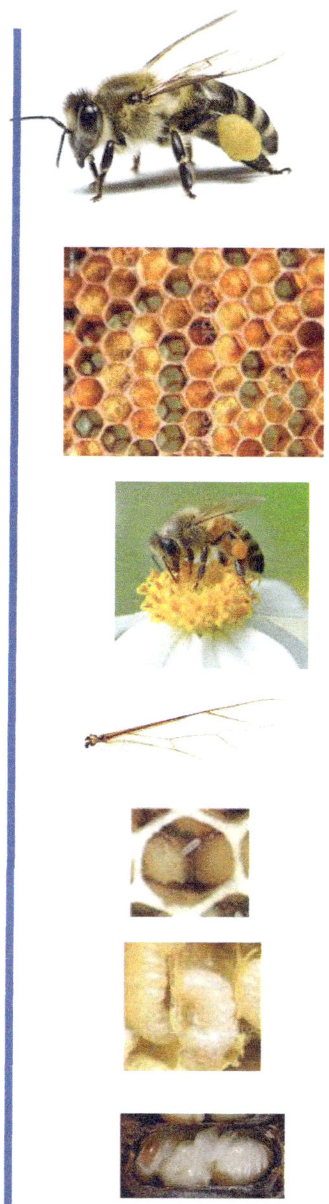

L'abeille histoire : carte d'identité d'une abeille OUVRIERE – correction

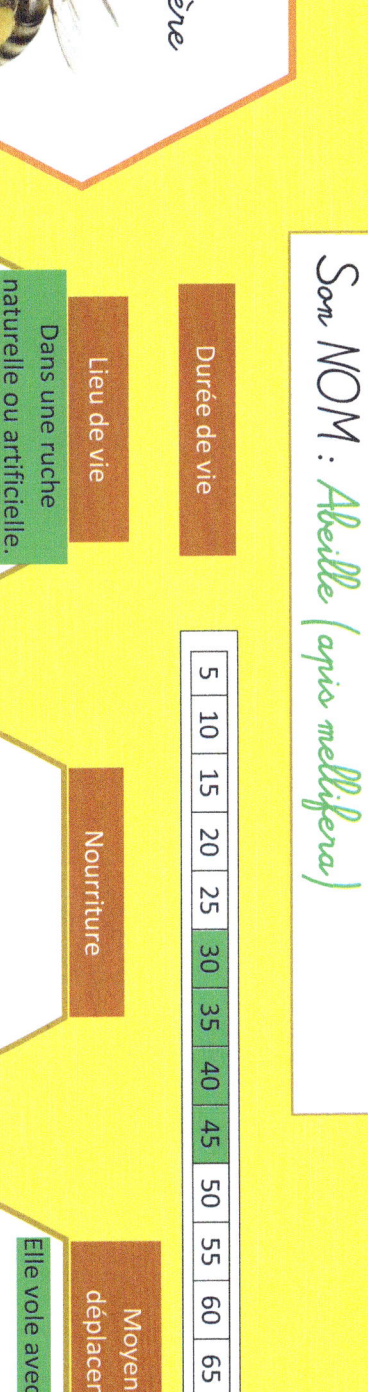

Son NOM : Abeille (apis mellifera)

une ouvrière

Photo ou dessin

- ☐ dents
- ☐ mandibules
- ☐ antennes
- ☐ tête
- ☐ **gros** abdomen
- ☐ dard
- ☐ langue
- ☐ pieds
- ☐ pattes
- ☐ thorax
- ☐ yeux
- ☐ nez

Durée de vie : 5 | 10 | 15 | 20 | 25 | **30** | 35 | 40 | 45 | 50 | 55 | 60 | 65 | 70 | 75 | 80 JOURS

Lieu de vie : Dans une ruche naturelle ou artificielle. Abri qui protège les rayons de cire.

Œuf : 3 jours – 1 œuf par alvéole

Larve : 7 jours – Elle est nourrie de NECTAR.

Nymphe : 11 jours – L'alvéole est refermée.

Nourriture : Le nectar des fleurs => miel

Moyen de déplacement : Elle vole avec 4 ailes. 2 paires d'ailes : 2 petites et 2 grandes.

Activités :
- Réparer, construire
- Nourrir les larves ou la reine
- Entretenir, nettoyer
- Ventiler
- Protéger
- Butiner
- Fabriquer (miel, gelée royale, propolis, cire)

photocopies autorisées pour une classe seulement

A4

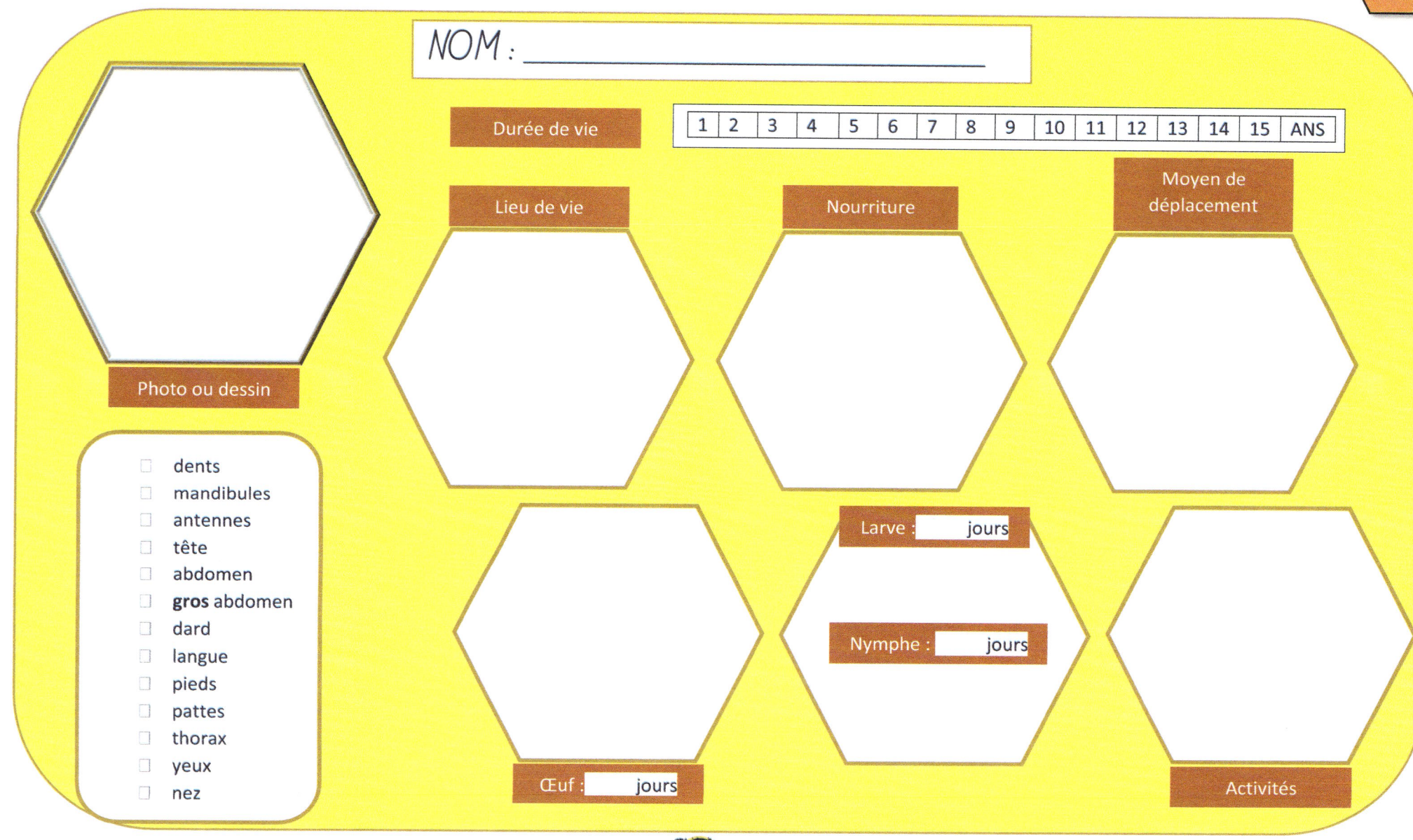

L'abeille histoire : carte d'identité d'une REINE abeille.

NOM : _____

Photo ou dessin

- ☐ dents
- ☐ mandibules
- ☐ antennes
- ☐ tête
- ☐ abdomen
- ☐ **gros** abdomen
- ☐ dard
- ☐ langue
- ☐ pieds
- ☐ pattes
- ☐ thorax
- ☐ yeux
- ☐ nez

Durée de vie

| 1 | 2 | 3 | 4 | 5 | 6 | 7 | 8 | 9 | 10 | 11 | 12 | 13 | 14 | 15 ANS |

Lieu de vie

Œuf : _____ jours

Nourriture

Larve : _____ jours

Nymphe : _____ jours

Moyen de déplacement

Activités

photocopies autorisées pour une classe seulement

A5

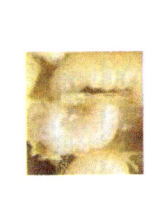

photocopies autorisées pour une classe seulement

L'abeille histoire : carte d'identité d'une REINE abeille – *correction*

NOM : *Abeille (apis mellifera)*

Photo ou dessin

- ☐ dents
- ☐ mandibules
- ☐ antennes
- ☐ tête
- ☐ abdomen
- ☐ dard
- ☐ **gros** abdomen
- ☐ langue
- ☐ pieds
- ☐ pattes
- ☐ thorax
- ☐ yeux
- ☐ nez

Durée de vie

| 1 | 2 | 3 | 4 | 5 | 6 | 7 | 8 | 9 | 10 | 11 | 12 | 13 | 14 | 15 | ANS |

Lieu de vie
Dans une ruche naturelle ou artificielle.
Abri qui protège les rayons de cire.

Nourriture
Elle se fait nourrir par les abeilles ouvrières.
Elle ne mange que de la gelée royale.

Moyen de déplacement
Elle vole quand elle est jeune reine.
Puis elle ne quittera plus la ruche.

Activités

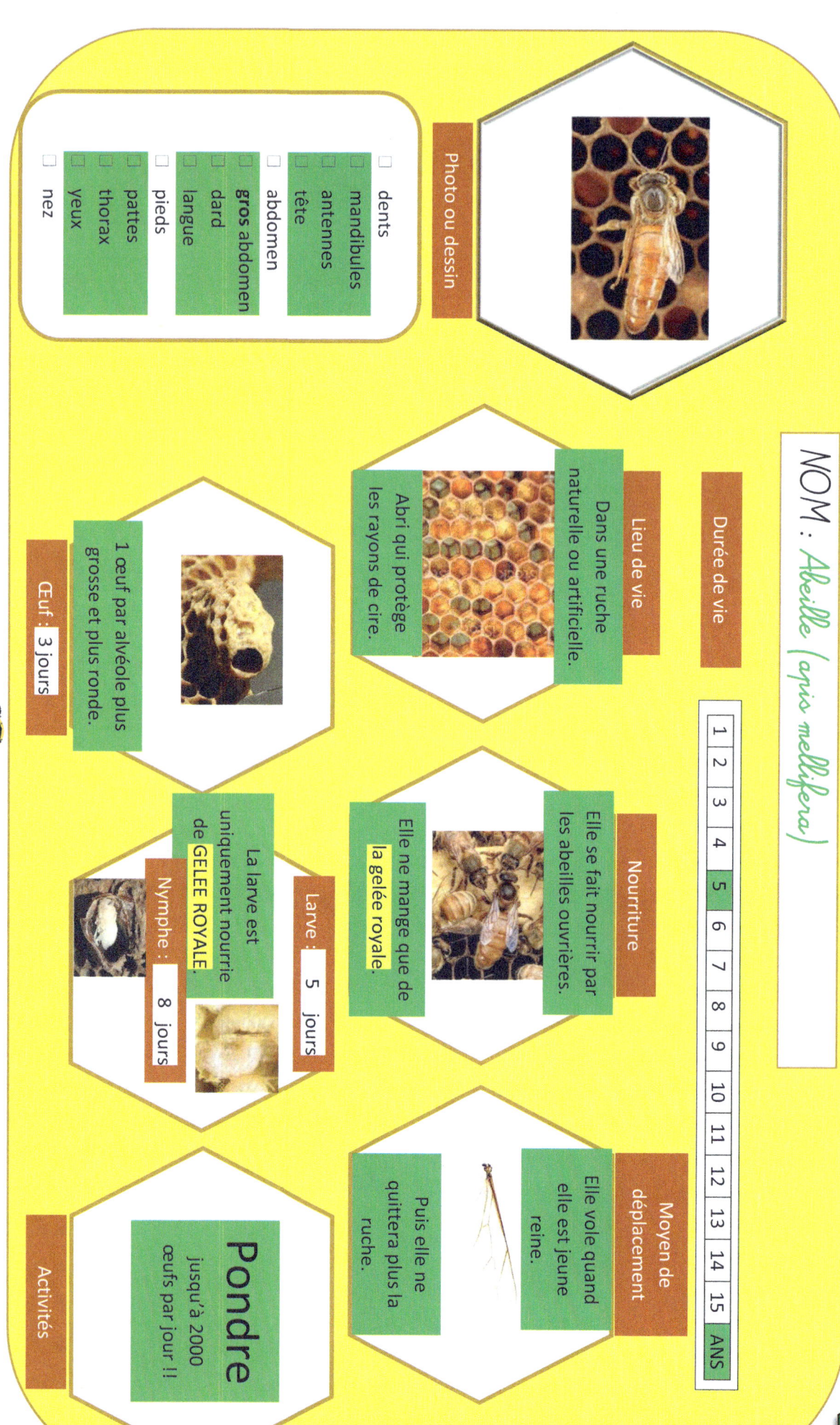

Œuf : 3 jours
1 œuf par alvéole plus grosse et plus ronde.

Larve : 5 jours
La larve est uniquement nourrie de GELÉE ROYALE.

Nymphe : 8 jours

Pondre jusqu'à 2000 œufs par jour !!

photocopies autorisées pour une classe seulement

A5

Entoure **en vert** ce qui est « l'ami des abeilles » et **en rouge** ce qui est « l'ennemi des abeilles ».

Les amis et les ennemis de l'abeille

INSECTICIDE

TOURNESOL FLEUR

AUTOROUTE

POMMIER FLEUR

TREFLE FLEUR

TILLEUL FLEUR

HUMAIN

DESHERBANT

RUCHE

FRAISIER FLEUR

USINE

LYS FLEUR

photocopies autorisées — pour une classe seulement

A6

Entoure **en vert** ce qui est « l'ami des abeilles » et **en rouge** ce qui est « l'ennemi des abeilles ».

Les amis et les ennemis de l'abeille — correction

- TOURNESOL FLEUR (vert)
- INSECTICIDE (rouge)
- AUTOROUTE (rouge)
- TREFLE FLEUR (vert)
- POMMIER FLEUR (vert)
- HUMAIN (rouge)
- TILLEUL FLEUR (vert)
- DESHERBANT (rouge)
- RUCHE (vert)
- FRAISIER FLEUR (vert)
- soleil (vert)
- USINE (rouge)
- pollution/nuage (rouge)
- LYS FLEUR (vert)

photocopies autorisées pour une classe seulement

A6

Les ennemis de l'abeille

Fais le tri entre les ennemis de l'abeille. Relie les ennemis à leur origine « naturelle » ou « humaine ».

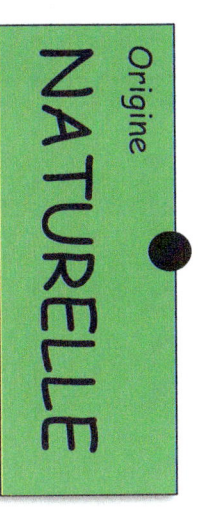

Origine **NATURELLE**

Origine **HUMAINE**

Que remarques-tu ? _____

photocopies autorisées pour une classe seulement

Les ennemis de l'abeille — correction

Fais le tri entre les ennemis de l'abeille. Relie les ennemis à leur origine « naturelle » ou « humaine ».

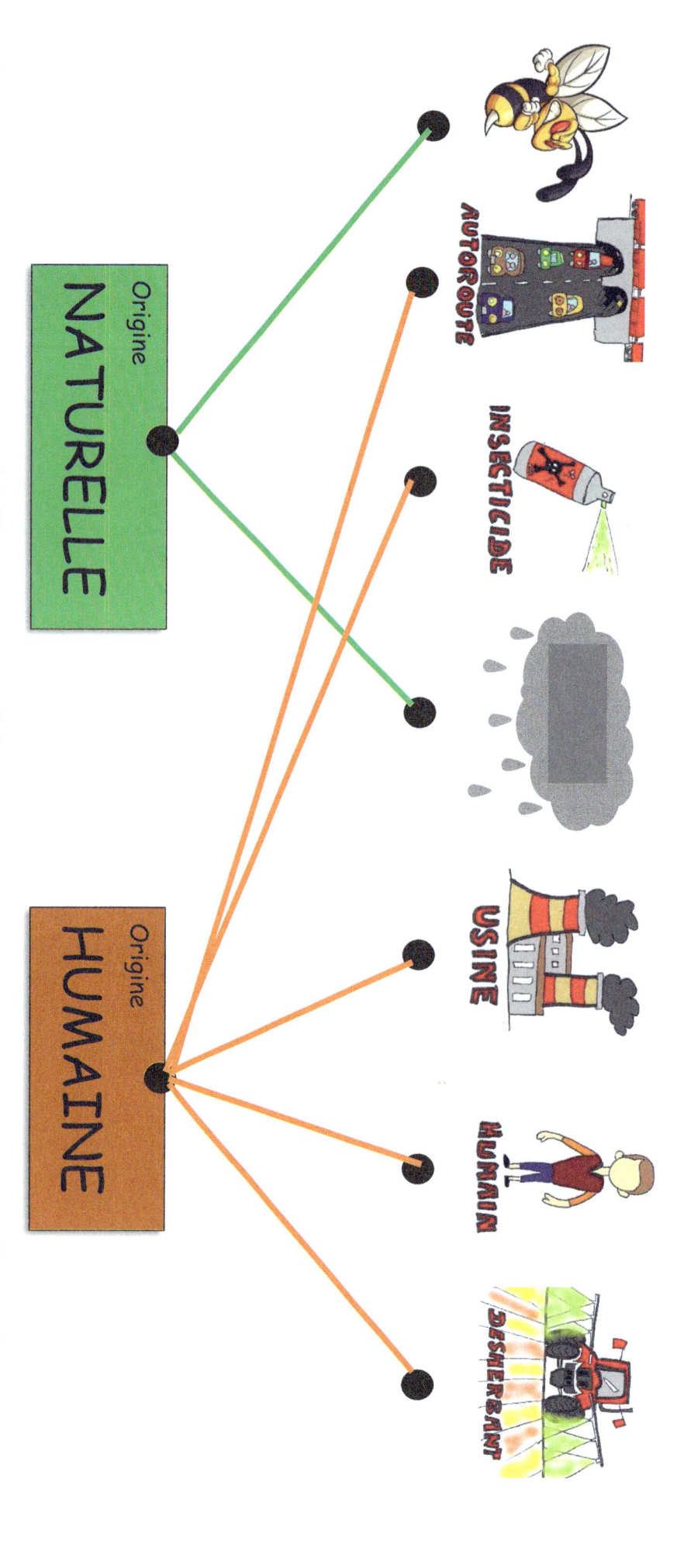

Origine **NATURELLE**

Origine **HUMAINE**

Que remarques-tu ?

Malheureusement, l'homme est en grande partie responsable de la disparition des abeilles ! Il est à l'origine des polluants qui la tuent ou des constructions qui lui enlèvent sa nourriture. C'est URGENT qu'il change ses habitudes de vie pour préserver l'environnement mais aussi son avenir !

photocopies autorisées pour une classe seulement

Les 7 métiers de l'abeille

Colorie (souviens-toi, l'abeille est rayée marron/orange et noir)

8…

photocopies autorisées pour une classe seulement

Documentaire : les 7 métiers de l'abeille.

A9

De sa naissance jusqu'à sa mort, en fonction de son âge et de son développement personnel, l'abeille va exercer 7 métiers différents au sein de la ruche ! Voici un résumé de sa vie (30 à 45 jours).

1 - NETTOYEUSE — Jour 1 à 5

2 - NOURRICE — Jour 5 à 18

3 - ARCHITECTE — Jour 6 à 15

6 - VENTILEUSE — Jour 17 à 19

5 - GARDIENNE — Jour 17 à 19

4 - MAGASINIERE — Jour 12 à 20

7 - BUTINEUSE — Jour 20 à …la fin

photocopies autorisées   pour une classe seulement

Les 7 métiers de l'abeille

A10

Complète le nom de chaque métier manquant.

1 — _____ Jour 1 à 5

2 — _____ Jour 5 à 18

3 — _____ Jour 6 à 15

6 — _____ Jour 17 à 19

5 — _____ Jour 17 à 19

4 — _____ Jour 12 à 20

7 — _____ Jour 20 à …la fin

photocopies autorisées   pour une classe seulement

Les 7 métiers de l'abeille

A11

Quel bazar ! Tout est mélangé ! Relie les images avec le nom des métiers de l'abeille !

ARCHITECTE

GARDIENNE

VENTILEUSE

NOURRICE

MAGASINIERE

BUTINEUSE

NETTOYEUSE

photocopies autorisées pour une classe seulement

Les 7 métiers de l'abeille correction

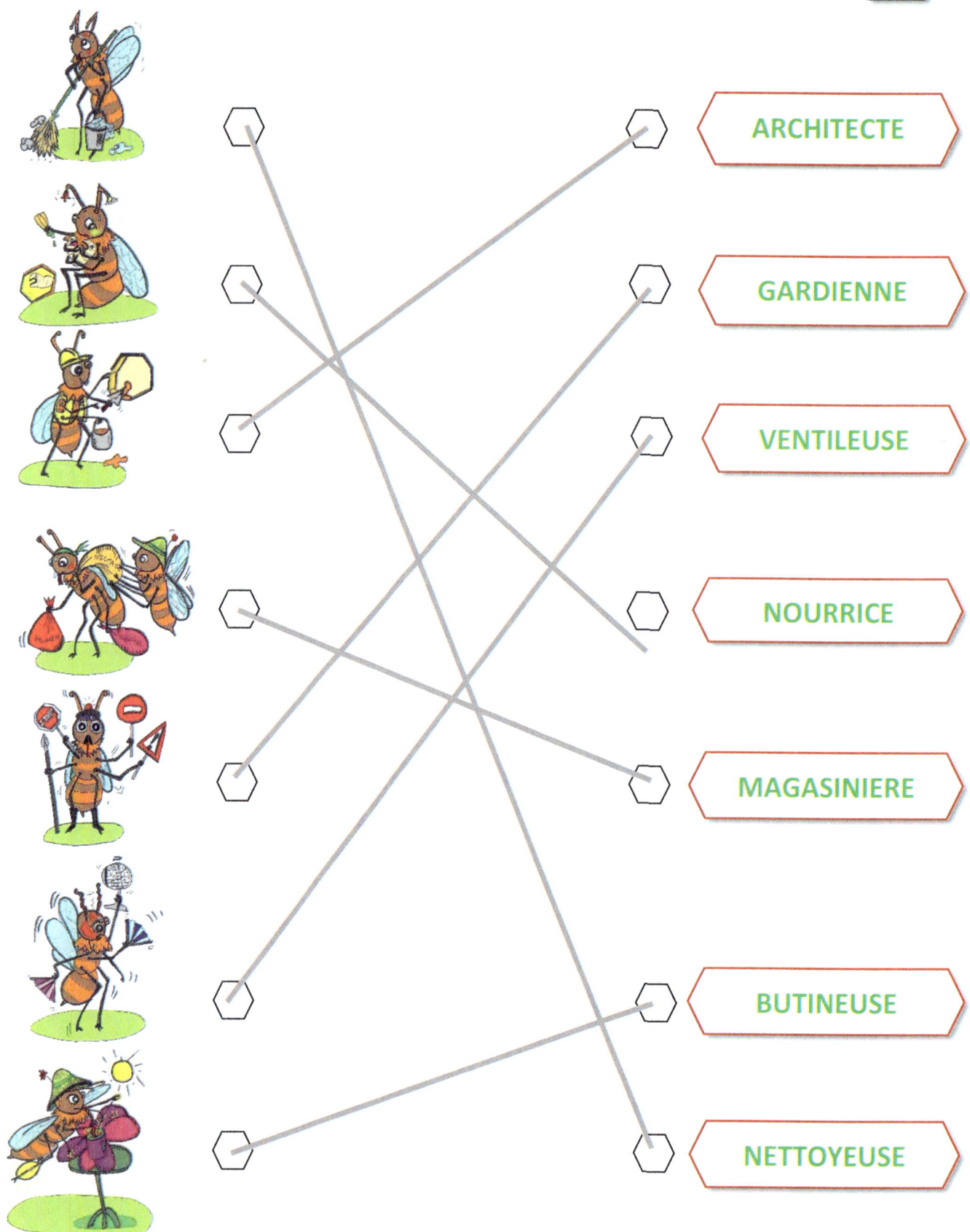

A11

- ARCHITECTE
- GARDIENNE
- VENTILEUSE
- NOURRICE
- MAGASINIERE
- BUTINEUSE
- NETTOYEUSE

Les 7 métiers de l'abeille

A12

Qui dit quoi ? A toi de remettre la bonne bulle à la bonne abeille. Découpe puis colle la bulle.

Etiquettes à couper et coller au bon endroit pour l'activité

A12

Je suis architecte ou maçon. Je construis les alvéoles ou je répare ce qui est abîmé avec de la cire.

On a besoin de mes services quand il fait trop chaud ou pour aider à la fabrication du miel (je fais évaporer le nectar). Je suis ventileuse.

Je surveille la ruche. Je vérifie qu'il n'y a pas d'attaques de frelons ou de dégâts

Je butine toute la journée. Je vais de fleur en fleur chercher le nectar et le pollen.

Je suis magasinière. C'est-à-dire que je porte et je range dans la ruche ce qu'apportent les butineuses.

Je suis nounou ! Je m'occupe des larves et des nymphes : je les nourris, je nettoie et m'assure que tout va bien.

Je nettoie la ruche. Je mets dehors tout ce qui ne doit pas y être et fais le ménage.

photocopies autorisées pour une classe seulement

Les 7 métiers de l'abeille — correction

A12

Qui dit quoi ? A toi de remettre la bonne bulle à la bonne abeille. Découpe puis colle la bulle.

Je butine toute la journée. Je vais de fleur en fleur chercher le nectar et le pollen.

Je surveille la ruche. Je vérifie qu'il n'y a pas d'attaques de frelons ou de dégâts.

Je suis architecte ou maçon. Je construis les alvéoles ou je répare ce qui est abîmé avec de la cire.

Je suis nounou ! Je m'occupe des larves et des nymphes : je les nourris, je nettoie et m'assure que tout va bien.

Je nettoie la ruche. Je mets dehors tout ce qui ne doit pas y être et fais le ménage.

Je suis magasinière. C'est-à-dire que je porte et je range dans la ruche ce qu'apportent les butineuses.

On a besoin de mes services quand il fait trop chaud ou pour aider à la fabrication du miel (je fais évaporer le nectar). Je suis ventileuse.

photocopies autorisées — pour une classe seulement

LA POLLINISATION

A toi d'écrire le numéro de la bonne bulle à la bonne abeille ainsi que le numéro des étiquettes explicatives au bon endroit dans les cases effacées...

1. Les graines qui tombent en terre donneront : une nouvelle plante

2. En butinant une autre fleur de la même espèce, elle laisse tomber du pollen.

3. ...un fruit ou un légume et des graines

4. Si le pollen tombe dans le pistil de la fleur, il rencontrera l'ovule (œuf) et donnera...

5. Oups ! J'ai fait tomber un truc !

6. Et c'est reparti pour un tour !

7. Hum, ça sent bon !

8. Hi ! Hi ! ça chatouille !

9. L'abeille est attirée par la fleur et butine son nectar.

10. Sur ses poils et dans les corbeilles de ses pattes, du pollen s'accroche et elle le transporte.

photocopies autorisées pour une classe seulement

LA POLLINISATION – correction

A13

A toi d'écrire le numéro de la bonne bulle à la bonne abeille ainsi que le numéro des étiquettes explicatives au bon endroit dans les cases effacées…

1. Les graines qui tombent en terre donneront : une nouvelle plante

2. En butinant une autre fleur de la même espèce, elle laisse tomber du pollen.

3. …un fruit ou un légume et des graines

4. Si le pollen tombe dans le pistil de la fleur, il rencontrera l'ovule (œuf) et donnera…

5. Oups ! J'ai fait tomber un truc !

6. Et c'est reparti pour un tour !

7. Hum, ça sent bon !

8. Hi ! Hi ! ça chatouille !

9. L'abeille est attirée par la fleur et butine son nectar.

10. Sur ses poils et dans les corbeilles de ses pattes, du pollen s'accroche et elle le transporte.

FRAISIER — 7 — 8 — 10 — FRAISIER — 5 — 9 — 2 — 6 — FRAISIER — FLEUR — 1 — 3 — 4

photocopies autorisées pour une classe seulement

LEXIQUE APICOLE

A
- abeille
- abdomen
- aile
- alvéole
- antenne
- apiculteur
- apiculture
- architecte

B
- bourdon
- butineuse
- butiner

C
- cadre
- cellule
- cire
- colonie
- corbeille
- couvain

D
- dard
- domestique

E
- enfumoir
- essaim
- essaimer
- étamine
- extracteur

G
- gardienne
- gelée royale

J
- jabot

L
- langue
- larve

M
- magasinière
- mâle
- mandibule
- mellifère
- miel
- miellerie

N
- nectar
- nettoyeuse
- nourrice
- nymphe

O
- œil
- œuf
- ouvrière
- ovule

P
- patte
- pistil
- pollen
- pollinisation
- pollinisateur
- pondre
- propolis

R
- rayon
- reine
- réserve
- ruche

T
- tête
- thorax
- trompe

V
- vareuse
- ventiler
- ventileuse

photocopies autorisées pour une classe seulement

Comment s'appelle... ?

En utilisant le lexique apicole, retrouve les mots qui sont définis.

☐ <u>Adjectif</u> qui désigne la qualité d'un insecte à participer à la pollinisation des plantes par son action de transport de pollen

_____

☐ <u>Nom féminin</u> qui désigne le vêtement que revêt l'apiculteur lorsqu'il va « visiter ses ruches » afin de se protéger des piqûres :

_____

☐ <u>Nom féminin</u> qui désigne le troisième état de développement de l'œuf d'abeille avant de devenir jeune abeille :

_____

☐ <u>Adjectif</u> qui désigne la qualité d'une plante à permettre, par la qualité de leur nectar, la production de miel par les abeilles :

_____

☐ <u>Verbe</u> qui désigne l'action d'un essaim d'abeille de quitter un endroit pour chercher un autre lieu pour établir sa ruche :

_____

☐ <u>Nom masculin</u> qui désigne l'ensemble des œufs contenus dans les rayons d'un cadre d'une ruche :

_____

photocopies autorisées   pour une classe seulement

Comment s'appelle... ? correction

A14

En utilisant le lexique apicole, retrouve les mots qui sont définis.

☐ <u>Adjectif</u> qui désigne la qualité d'un insecte à participer à la pollinisation des plantes par son action de transport de pollen :

pollinisateur

☐ <u>Nom féminin</u> qui désigne le vêtement que revêt l'apiculteur lorsqu'il va « visiter ses ruches » afin de se protéger des piqûres :

la vareuse

☐ <u>Nom féminin</u> qui désigne le troisième état de développement de l'œuf d'abeille avant de devenir jeune abeille :

la nymphe

☐ <u>Adjectif</u> qui désigne la qualité d'une plante à permettre, par la qualité de leur nectar, la production de miel par les abeilles :

mellifère

☐ <u>Verbe</u> qui désigne l'action d'un essaim d'abeille de quitter un endroit pour chercher un autre lieu pour établir sa ruche :

essaimer

☐ <u>Nom masculin</u> qui désigne l'ensemble des œufs contenus dans les rayons d'un cadre d'une ruche :

le couvain

photocopies autorisées   pour une classe seulement

Que veut dire... ?

A14

En utilisant un dictionnaire, recherche et recopie la définition de ces mots :

☐ la pollinisation : _____
_____
_____

☐ la propolis : _____
_____
_____

☐ la mandibule : _____
_____
_____

☐ une étamine : _____
_____
_____

☐ le pistil : _____
_____
_____

☐ un extracteur : _____
_____
_____

☐ l'abdomen : _____
_____

photocopies autorisées   pour une classe seulement

La légende d'Abeilles City

La légende raconte que c'est ici qu'est née la plus belle et la plus triste histoire d'amour...

Un papillon épris d'une fleur de chardon sentait venir ses dernières heures... sa vie étant si courte, il avait tenté dès sa sortie de chrysalide de trouver un parfum à son goût mais chaque fleur qu'il visitait ne convenait pas à celui qu'il était : un être libre et joyeux qui aimait profiter des douceurs de ce monde tant que sa courte vie le lui permettrait.

Jusqu'alors, il avait papillonné avec espoir autour des belles de ce monde, il s'était empêtré dans des pétales collants, noyé dans des nectars bien trop sucrés, et failli être englouti par une carnivore au parfum pourtant si attirant...

On dit que sa rencontre avec la fleur de chardon fut comme une étincelle. Ce chardon était seul au milieu de cette pâture, n'attirant pas grand monde avec les piquants qu'il tentait de camoufler au bout de ses feuilles. Il vivait comme il se devait de vivre, se contentant d'extraire en sous-sol depuis ses racines ce qui restait à manger pour lui, sans rien attendre de personne. Pourtant, sa fleur timide au parfum discret et son ondulation au vent joyeuse lui donnaient une allure de danseuse de ballet. Sa corolle ornée de pétales fins, mal coiffés, d'un violet bleu rendait sa fleur unique et différente des autres fleurs...

La rencontre du papillon et de la fleur de chardon fut belle, intense mais courte. Ils restèrent longtemps attachés l'un à l'autre : le papillon protégeant la fleur des tempêtes et de la nuit froide sous ses ailes, la fleur faisant danser, malgré ses aiguillons, le papillon doucement au vent pour que chaque jour ressemble à une fête.

Mais le papillon, blessé par les épines du chardon, sentait ses forces l'abandonner chaque minute qui passait... Il savait que le ciel allait bientôt le rappeler, sa vie étant si injustement courte. Alors, au lieu de se nourrir pour allonger sa vie de courtes minutes, il décida d'utiliser ses dernières forces pour prouver son amour et façonna avec de l'argile ce qu'il voulait être un « mini papillon » qui pourrait veiller sur sa fleur de chardon à l'heure de sa mort...

Il lui fallut une heure de lutte pour avancer son œuvre : ramassant de la terre humide, il façonna une tête et un corps en deux parties. Pour les antennes, il utilisa la barbe des blés,

photocopies autorisées pour une classe seulement

du foin pour les six pattes et pour les yeux deux petits grains de mûres noires généreusement offertes par les ronciers alentours... Il apposa aussi une épine de chardon au bout du corps pour qu'on ne puisse voler son cadeau à sa fleur qui se confondrait ainsi avec elle.

Mais ses dernières minutes de vie étant lourdes à porter, il décida d'arrêter là. Plus de courage pour chercher de quoi façonner ses quatre grandes ailes, il enroula son œuvre incomplète sous ses propres ailes endolories, se blottit contre sa fleur de chardon et se laissa mourir...

La légende raconte que durant la nuit, la lune prise de pitié pour le sacrifice du papillon envoya ses rayons de lune sur sa sculpture... La sculpture se para alors d'habits de ciel, décorée de rayons de lune. Tandis que les dernières larmes du papillon qui enroulaient l'œuvre façonnée, en fondant comme une cire de bougie, se plaquèrent à son corps pour former quatre discrètes ailes transparentes et délicates.

A son réveil, la fleur découvrit à côté d'elle un étrange petit être aux habits qui brillaient du ciel... Habits qui brillent du ciel... L'émotion qui tintait sa voix, transforma ces mots « habits brillants du ciel » en un nouveau mot « Abeille... »

C'est, dit-on, sous la vibration du nom « abeille » que la miniature trouva vie en elle et se mit à voleter autour de la fleur de chardon.

Depuis ce jour, pour remercier la lune de lui avoir donné vie, l'abeille continue à prendre soin des fleurs de chardons. Elle les butine sans relâche afin de rendre hommage à la lune en lui confectionnant un délicieux nectar de vie : le miel.

N'avez-vous jamais entendu parler de la « lune de miel » ? C'est la lune qui engendra l'abeille, qui protégea le chardon qu'aimait le papillon...

Elle s'est depuis installée ici : chez Abeilles City. Alors, si vous ouvrez l'œil, le soir, un soir de pleine lune, peut-être observerez-vous cette jolie abeille dorée qui vit depuis une éternité sous le toit des ruches d'Abeilles City.

A la différence des autres, la nuit, elle ne dort pas mais elle s'allonge sur une feuille de chardon pour observer le ciel...

La légende dit aussi que si, à minuit, les rayons de pleine lune se posent à nouveau sur elle, ce n'est pas juste un ciel étoilé qui s'offrira à vous mais la danse d'un papillon et d'un chardon étincelant au milieu des milliers d'étoiles.

Claire Maurage d'Abeilles City

Questions de compréhension sur un texte entendu
La légende d'Abeilles City – Niveau 1

A15

As-tu bien écouté l'histoire racontée ? Maintenant réponds à ces questions :

1. **Quels sont les personnages de l'histoire ? COCHE tes réponses**

   ☐ une chenille
   ☐ un papillon
   ☐ une sauterelle
   ☐ une abeille
   ☐ un coquelicot
   ☐ une fleur de chardon
   ☐ une fleur de charbon

   > Si tu as terminé ton travail, tu peux dessiner les personnages.

2. **Que fait le papillon à la fleur ?**

   ☐ Des bisous tout le temps.
   ☐ Il le protège des tempêtes et de la nuit froide.
   ☐ Il le fait danser au vent.
   ☐ Il lui enlève ses épines.

3. **Que fait la fleur au papillon ?**

   ☐ Des bisous tout le temps.
   ☐ Il le protège des tempêtes et de la nuit froide.
   ☐ Il le fait danser au vent.
   ☐ Il lui enlève ses ailes.

4. **Qu'est-ce qui blesse le papillon ?**

   ☐ Les tempêtes et les nuits froides.
   ☐ Les épines du chardon.
   ☐ L'abeille parce qu'elle le pique.

photocopies autorisées pour une classe seulement

5. **Que veut fabriquer le papillon pour le chardon ?**

   ☐ Un mini-papillon.
   ☐ Une chenille.
   ☐ Une abeille.
   ☐ Une lune brillante.

6. **Pourquoi n'a-t-il pas le temps de terminer son œuvre ?**

   ☐ Il a très faim.
   ☐ Il a très froid.
   ☐ Il meurt.
   ☐ Le chardon n'en veut pas.

7. **Qu'envoie la lune sur la sculpture ?**

   ☐ Des rayons de miel.
   ☐ Des rayons de lune.
   ☐ La tempête et le vent.
   ☐ La pluie à torrent.

8. **Relis seul.e cet extrait :** *(…) ramassant de la terre humide, il façonna une tête et un corps en deux parties. Pour les antennes, il utilisa la barbe des blés, du foin pour les six pattes et pour les yeux deux petits grains de mûres noires généreusement offertes par les ronciers alentours… Il apposa aussi une épine de chardon au bout du corps (…)*

   Dessine le petit être fabriqué par le papillon pour le chardon.

9. **De quels mots prononcés par le chardon s'est formé le mot « Abeille » ?**

    ☐ Petite bête venue du ciel.
    ☐ Habits brillants du ciel.
    ☐ L'ami bête du ciel.
    ☐ Habits venant du miel.

10. **Que fait l'abeille depuis que la lune lui a donné vie ?**

    ☐ Elle danse toutes les nuits.
    ☐ Elle vole entre les rayons de lune.
    ☐ Elle butine sans arrêt pour lui fabriquer du miel.
    ☐ Elle pleure le papillon disparu.

11. **Relis cet extrait :** *« La légende dit aussi que si, à minuit, les rayons de pleine lune se posent à nouveau sur **elle***, *ce n'est pas juste un ciel étoilé qui s'offrira à vous mais la danse d'un papillon et d'un chardon étincelant au milieu des milliers d'étoiles. »*

    elle = l'abeille

Dessine la scène :

Questions de compréhension sur un texte entendu
La légende d'Abeilles City – *Niveau 1* correction

As-tu bien écouté l'histoire racontée ? Maintenant réponds à ces questions :

1. **Quels sont les personnages de l'histoire ? COCHE tes réponses**

   Si tu as terminé ton travail, tu peux dessiner les personnages.

   - ☐ une chenille
   - ☑ **un papillon**
   - ☐ une sauterelle
   - ☑ **une abeille**
   - ☐ un coquelicot
   - ☑ **une fleur de chardon**
   - ☐ une fleur de charbon

2. **Que fait le papillon à la fleur ?**

   - ☐ Des bisous tout le temps.
   - ☑ **Il le protège des tempêtes et de la nuit froide.**
   - ☐ Il le fait danser au vent.
   - ☐ Il lui enlève ses épines.

3. **Que fait la fleur au papillon ?**

   - ☐ Des bisous tout le temps.
   - ☐ Il le protège des tempêtes et de la nuit froide.
   - ☑ **Il le fait danser au vent.**
   - ☐ Il lui enlève ses ailes.

4. **Qu'est-ce qui blesse le papillon ?**

   - ☐ Les tempêtes et les nuits froides.
   - ☑ **Les épines du chardon.**
   - ☐ L'abeille parce qu'elle le pique.

photocopies autorisées pour une classe seulement

5. Que veut fabriquer le papillon pour le chardon ?

- ☐ Un mini-papillon.
- ☐ Une chenille.
- ☐ Une abeille.
- ☐ Une lune brillante.

6. Pourquoi n'a-t-il pas le temps de terminer son œuvre ?

- ☐ Il a très faim.
- ☐ Il a très froid.
- ☐ Il meurt.
- ☐ Le chardon n'en veut pas.

7. Qu'envoie la lune sur la sculpture ?

- ☐ Des rayons de miel.
- ☐ Des rayons de lune.
- ☐ La tempête et le vent.
- ☐ La pluie à torrent.

8. **Relis seul.e cet extrait :** (…) ramassant de la terre humide, il façonna une tête et un corps en deux parties. Pour les antennes, il utilisa la barbe des blés, du foin pour les six pattes et pour les yeux deux petits grains de mûres noires généreusement offertes par les ronciers alentours… Il apposa aussi une épine de chardon au bout du corps (…)

Dessine le petit être fabriqué par le papillon pour le chardon.

photocopies autorisées pour une classe seulement

9. <u>De quels mots prononcés par le chardon s'est formé le mot « Abeille » ?</u>

   ☐ Petite bête venue du ciel.
   ☐ **Habits brillants du ciel.**
   ☐ L'ami bête du ciel.
   ☐ Habits venant du miel.

10. <u>Que fait l'abeille depuis que la lune lui a donné vie ?</u>

    ☐ Elle danse toutes les nuits.
    ☐ Elle vole entre les rayons de lune.
    ☐ **Elle butine sans arrêt pour lui fabriquer du miel.**
    ☐ Elle pleure le papillon disparu.

11. <u>Relis cet extrait :</u> *« La légende dit aussi que si, à minuit, les rayons de pleine lune se posent à nouveau sur **elle***, ce n'est pas juste un ciel étoilé qui s'offrira à vous mais la danse d'un papillon et d'un chardon étincelant au milieu des milliers d'étoiles. »*

    elle = l'abeille

Dessine la scène :

Questions de compréhension sur un texte lu
La légende d'Abeilles City – *Niveau 2*

As-tu bien écouté l'histoire racontée ? Maintenant réponds à ces questions :

1. **Quels sont les personnages de l'histoire ?**
   _____
   _____

2. **Quelle preuve d'attachement offre le papillon à la fleur ?**
   _____
   _____

3. **Qu'offre la fleur au papillon ?**
   _____
   _____

4. **Qu'est-ce qui blesse le papillon ?**
   _____

5. **Que veut fabriquer le papillon pour le chardon ? Et pourquoi ?**
   _____

6. **Pourquoi n'a-t-il pas le temps de terminer son œuvre ?**
   _____

photocopies autorisées   pour une classe seulement

7. **Qu'envoie la lune sur la sculpture ? Et pourquoi ?**

_____
_____
_____

8. **Recopie l'extrait qui décrit la « sculpture » du papillon :**

_____
_____
_____
_____
_____
_____
_____
_____

9. **Que manque-t-il alors à l'œuvre du papillon ?**

_____

10. **Comment vont-elles se former ?**

_____
_____

11. **Quels sont les mots prononcés par le chardon qui se sont transformés en « Abeille » ?**

_____

12. **Comment l'abeille remercie la lune de lui avoir donné vie ?**

_____
_____

13. **Que peut-on apercevoir à minuit un soir de pleine lune sur le terrain d'Abeilles City ?**

_____
_____

Questions de compréhension sur un texte lu
La légende d'Abeilles City – Niveau 2 - correction

As-tu bien écouté l'histoire racontée ? Maintenant réponds à ces questions :

1. **Quels sont les personnages de l'histoire ?**

Les trois personnages principaux de l'histoire sont : le papillon, la fleur de chardon et l'abeille. On peut aussi parler de la lune qui intervient à la fin de l'histoire.

2. **Quelle preuve d'attachement offre le papillon à la fleur ?**

Le papillon protégeant la fleur des tempêtes et de la nuit froide sous ses ailes.

3. **Qu'offre la fleur au papillon ?**

La fleur fait danser, malgré ses aiguillons, le papillon doucement au vent pour que chaque jour ressemble à une fête.

4. **Qu'est-ce qui blesse le papillon ?**

Ce sont les aiguillons, les épines du chardon qui blessent le papillon.

5. **Que veut fabriquer le papillon pour le chardon ? Et pourquoi ?**

Il savait que le ciel allait bientôt le rappeler, (….), il décida d'utiliser ses dernières forces pour prouver son amour et façonna avec de l'argile ce qu'il voulait être un « mini papillon » qui pourrait veiller sur sa fleur de chardon à l'heure de sa mort...

6. **Pourquoi n'a-t-il pas le temps de terminer son œuvre ?**

Il meurt avant.

photocopies autorisées pour une classe seulement

7. **Qu'envoie la lune sur la sculpture ? Et pourquoi ?**

« La légende raconte que durant la nuit, la lune prise de pitié pour le sacrifice du papillon envoya ses rayons de lune sur sa sculpture… » pour lui donner vie.

8. **Recopie l'extrait qui décrit la « sculpture » du papillon :**

(…) ramassant de la terre humide, il façonna une tête et un corps en deux parties. Pour les antennes, il utilisa la barbe des blés, du foin pour les six pattes et pour les yeux deux petits grains de mûres noires généreusement offertes par les ronciers alentours… Il apposa aussi une épine de chardon au bout du corps pour qu'on ne puisse voler son cadeau à sa fleur qui se confondrait ainsi avec elle.

9. **Que manque-t-il alors à l'œuvre du papillon ?**

Il manque les ailes.

10. **Comment vont-elles se former ?**

Tandis que les dernières larmes du papillon qui enroulaient l'œuvre façonnée, en fondant comme une cire de bougie, se plaquèrent à son corps pour former quatre discrètes ailes transparentes et délicates.

11. **Quels sont les mots prononcés par le chardon qui se sont transformés en « Abeille » ?**

Les mots sont : Habits brillants du ciel.

12. **Comment l'abeille remercie la lune de lui avoir donné vie ?**

Depuis ce jour, pour remercier la lune de lui avoir donné vie, l'abeille continue à prendre soin des fleurs de chardons. Elle les butine sans relâche afin de rendre hommage à la lune en lui confectionnant un délicieux nectar de vie : le miel.

13. **Que peut-on apercevoir à minuit un soir de pleine lune sur le terrain d'Abeilles City ?**

On peut apercevoir : « la danse d'un papillon et d'un chardon étincelant au milieu des milliers d'étoiles. »

JEUX et BANQUE D'IMAGES

photocopies autorisées pour une classe seulement

PUZZLES POUR LA CLASSE

9 pièces

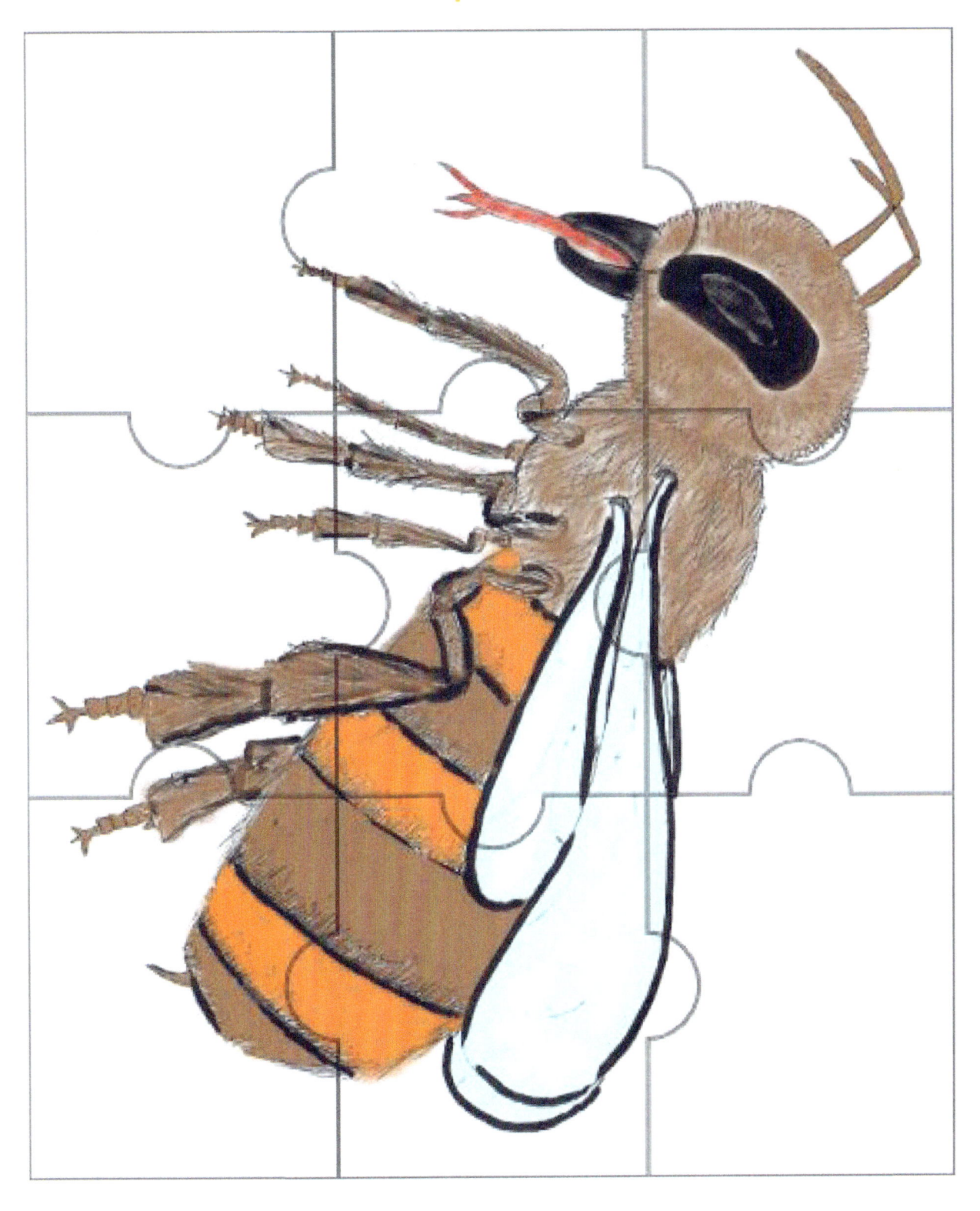

photocopies autorisées   pour une classe seulement

16 pièces

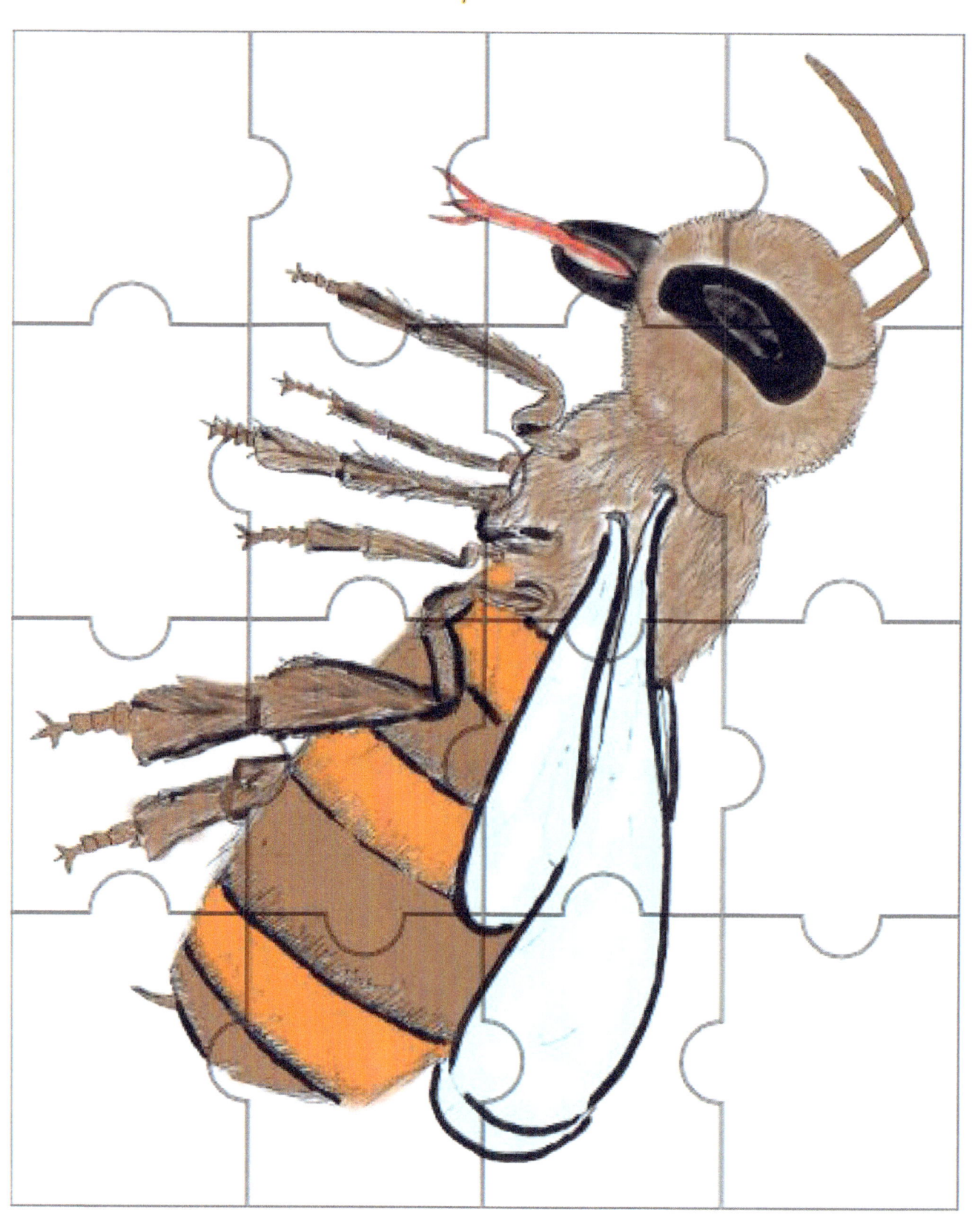

photocopies autorisées — pour une classe seulement

36 pièces

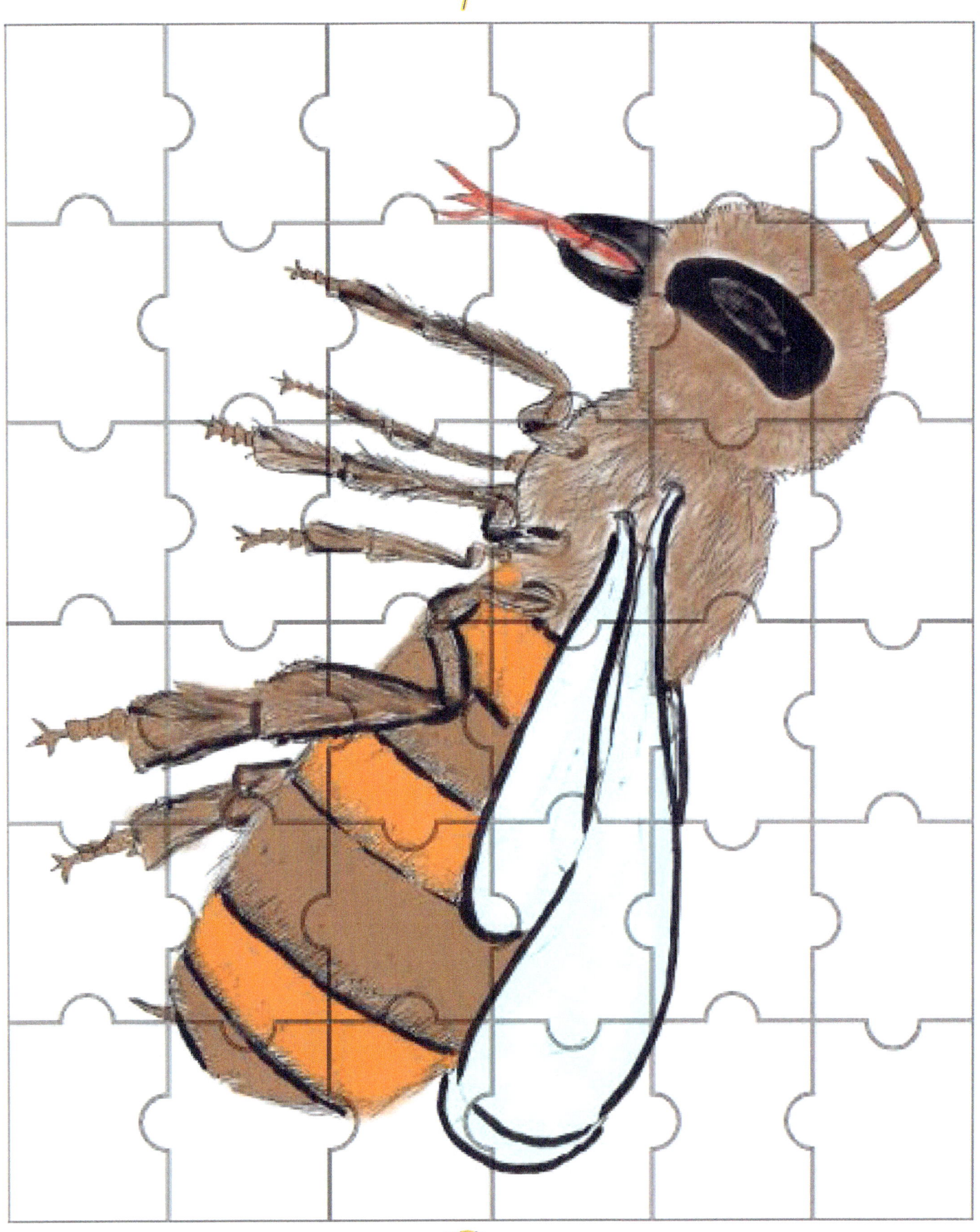

photocopies autorisées pour une classe seulement

photocopies autorisées pour une classe seulement

photocopies autorisées pour une classe seulement

photocopies autorisées pour une classe seulement

photocopies autorisées pour une classe seulement

photocopies autorisées pour une classe seulement

photocopies autorisées pour une classe seulement

photocopies autorisées pour une classe seulement

Couvain avec larves et alvéoles operculées contenant les nymphes

photocopies autorisées pour une classe seulement

Abeilles remplissant les alvéoles

de nectar pour fabriquer

le futur miel

photocopies autorisées   pour une classe seulement

Naissance d'une abeille

qui perfore son opercule

avec ses mandibules

photocopies autorisées pour une classe seulement

Abeilles qui déposent le pollen dans les alvéoles

photocopies autorisées pour une classe seulement

Alvéoles de nectar et de pollen

photocopies autorisées pour une classe seulement

photocopies autorisées pour une classe seulement

photocopies autorisées pour une classe seulement

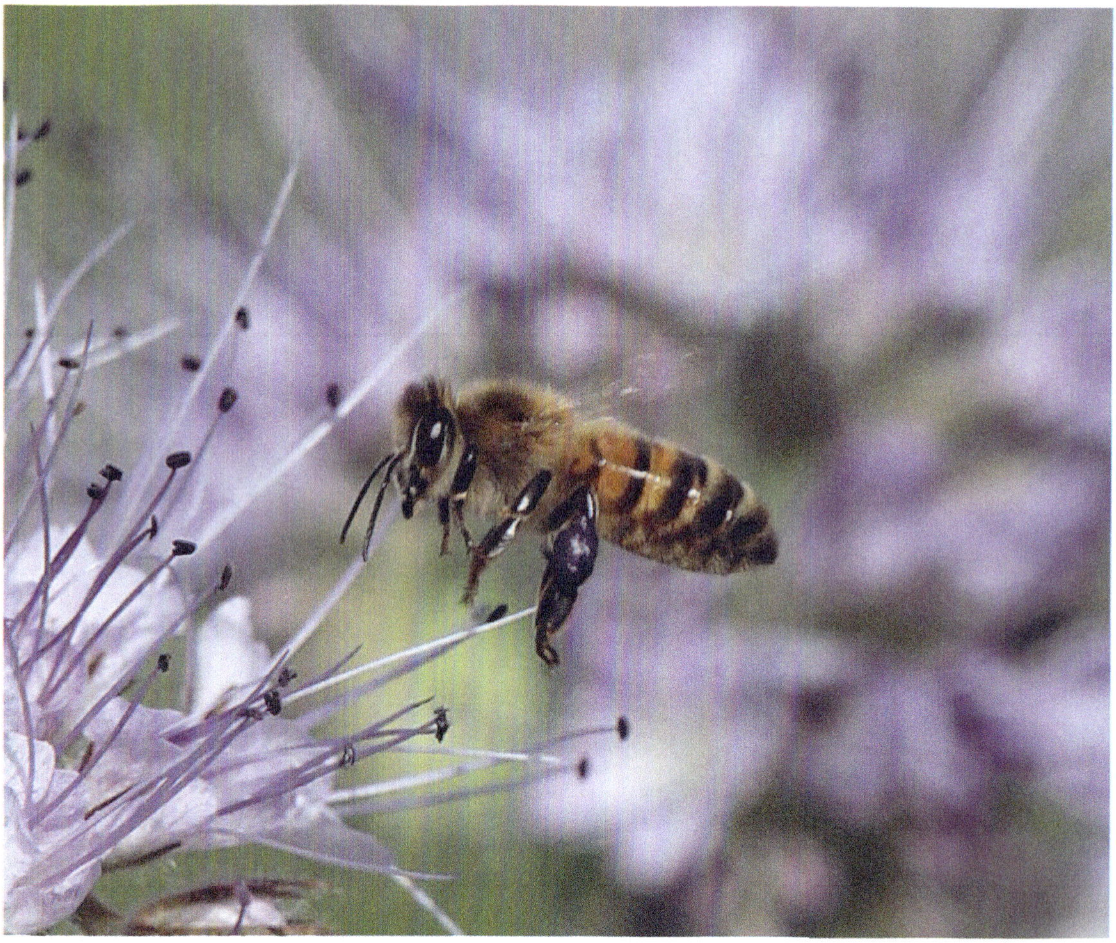

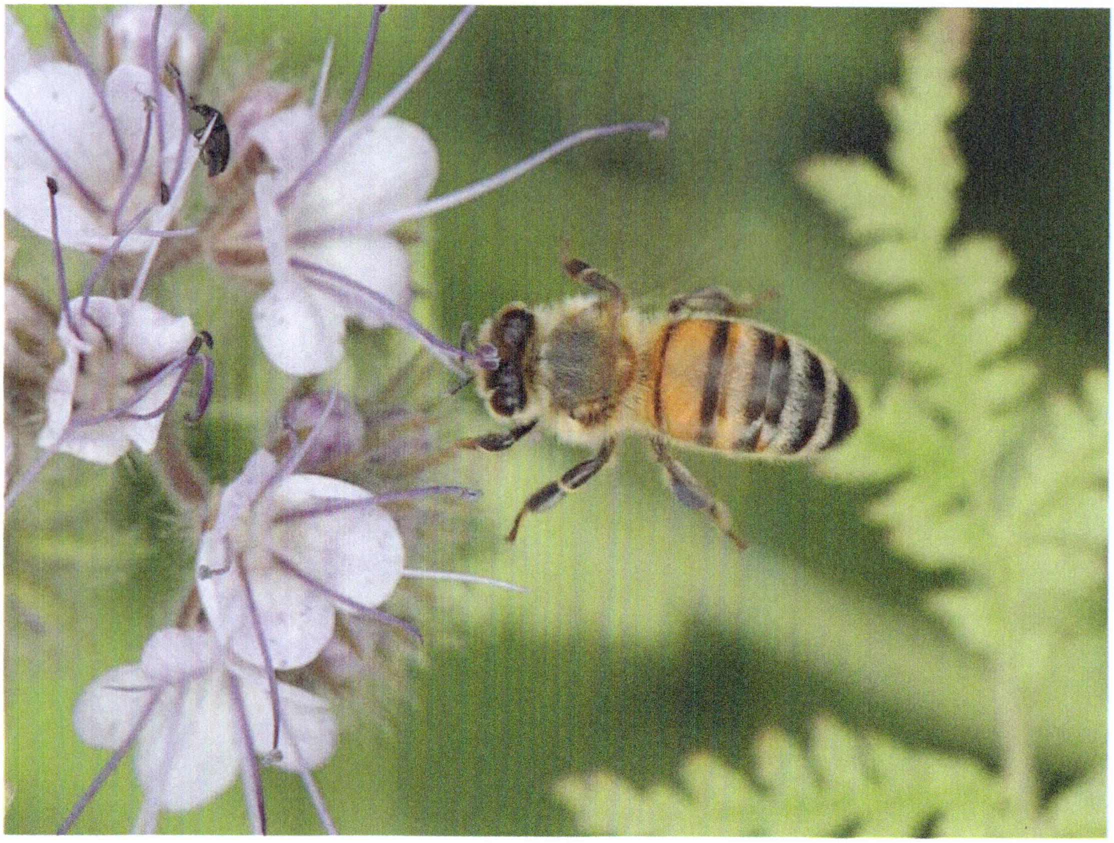

photocopies autorisées pour une classe seulement

photocopies autorisées pour une classe seulement

photocopies autorisées pour une classe seulement

Ruche enfumoir, brosse et lève-cadre

photocopies autorisées pour une classe seulement

photocopies autorisées pour une classe seulement

photocopies autorisées pour une classe seulement

photocopies autorisées pour une classe seulement

Ce fichier pédagogique est soumis à droits d'auteur
(conception des fiches, dessins et photographies).
Merci de ne l'utiliser que pour **votre classe**.

Conçu et réalisé par Claire Maurage

pour Miss Terre City.

photocopies autorisées   pour une classe seulement

Printed by Amazon Italia Logistica S.r.l.
Torrazza Piemonte (TO), Italy